Koyagire

POESÍA DE TIEMPOS ANTIGUOS

Caligrafía, traducción y selección
Madoka Kubota

Edición
Juan Antonio Yeves Andrés

SATORI

Prólogo

Por Madoka Kubota

Koyagire es un manuscrito de extraordinaria importancia en la historia de la escritura y la literatura japonesas, destacable por su preciosa caligrafía, por ser uno de los mejores y más bellos modelos de *kana renmen* (escritura de más de dos caracteres seguidos), por la sensibilidad de la caligrafía y por ser el más antiguo de los manuscritos *Kokin wakashū* que se conserva. Fue el emperador Daigo (885-930) quien encargó esta selección a los poetas Ki no Tomonori, Ki no Tsurayuki (868-945), Ōshikōchi no Mitsune y Mibu no Tadamine. Recordemos que *kohitsu* son las mejores caligrafías antiguas japonesas, especialmente de *kana* (escritura de sílabas propias japonesas) desde la era Nara (710-784) hasta la era Kamakura (1192-1333), y, sin duda, el *Koyagire* es la más bella muestra de caligrafía de la era Heian (desde 794 durante 400 años). En esta etapa ya se había establecido el cambio del estilo *kanji*, procedente de China, al gusto japonés, dando origen al estilo *wayo* (escritura de estilo japonés) y *kana*.

Durante la era Heian, cuando la capital japonesa estaba situada en Heiankyō de Kioto, coincidiendo con una etapa de prosperidad en la creación literaria, a mediados del siglo xi, es decir, un siglo y medio después de haberse compilado esta colección o *Kokin wakashu,* se realizó el manuscrito más tarde conocido como

Koyagire. Originalmente estaba compuesto por veinte rollos (*kansubon* o *makimono*) con más de mil poemas, pero en parte se dispersaron, pues algunas piezas recortadas, *kohitsugire* o *kire*, se utilizaron como cuadros, por ejemplo para decorar los *tokonoma* (espacio con el suelo, *tokoita*, ligeramente elevado) de las habitaciones donde se celebraba la ceremonia del té. Solo los tomos 5, 8 y 20 se conservan completos en forma de rollo (*kansubon*). El papel es sencillo pero elegante y contiene micas finas que producen brillos desde ciertos ángulos, algo poco común en otros manuscritos de la época.

En *Koyagire* encontramos tres estilos caligráficos. Parece como si tres calígrafos se hubiesen juntado para escribirlo después de haberse repartido los veinte tomos y los prólogos de *Kokin wakashū*. De los tomos existentes, los tomos 1, 9 y 20 pertenecen al primer estilo; 2, 3, 5 y 8 al segundo y 18 y 19 al tercero.

En el primer estilo vemos la caligrafía japonesa más refinada, en la que las líneas fluyen con gracia y elegancia, sin exageraciones, con degradación progresiva de la tinta, desde muy oscuro a más claro. Se ha dicho que el calígrafo fue uno de los poetas encargados de la selección, Ki no Tsurayuki, porque figura su nombre al final de los tomos 5 y 20; y también se ha difundido que la parte correspondiente al segundo y tercer estilos, muy diferentes, era suya. Lo cierto es que no se sabe con seguridad el nombre del calígrafo o calígrafos del primer estilo, mientras que conocemos al calígrafo del segundo estilo, Minamoto no Kaneyuki, que es de un siglo posterior a Ki no Tsurayuki.

Se conoce como Koyagire porque la primera parte del noveno rollo se encontró en Kōyasan (templo budista Kongōbuji en la prefectura de Wakayama, al sur de Osaka). Esta parte perteneció al jefe de samuráis de la era Sengoku (1477-1570) y Azuchi Momoyama (finales del siglo XVI), llamado Toyotomi Hideyoshi (1536 o 1537-1598), quien se la regaló al *mokujiki* (monje asceta) Ōgo de Kōyasan Kongōbuji Monjuin.

El *Koyagire* es la máxima expresión de la estética japonesa de los manuscritos antiguos, donde armonizan poesía y caligrafía, y por eso queríamos darlo a conocer en España, reproduciendo la caligrafía original. Se conservan sesenta y siete poesías del primer estilo, pero en esta selección solo se publican veinticinco, unas por ser las más conocidas en Japón y otras por estar entre las preferencias de quien hace la antología, especialmente las que hacen referencia a la naturaleza.

Finalmente, conviene aclarar que en la era Heian importaba más el resultado estético que la fidelidad al texto y, por eso, en la obra original hay algunas erratas. En esta edición la caligrafía se ha reproducido tal y como aparece en el *Koyagire* original, es decir, con las incorrecciones que en él aparecen y que también están en la transcripción al japonés en tipos de imprenta para mostrar conformidad con lo escrito en la caligrafía.

Koyagire

POESÍA DE TIEMPOS ANTIGUOS

1 [Sin título]

Anónimo

Koyagire, 3.

¿Dónde se levanta la neblina de la primavera?
Aquí, en la montaña de Yoshino,
sigue nevando.

ふゆしらあ

よみひとしらず

さるつのあさみしらゆきやりくいわすの

よしのゝやかはゆきはてあて

2 Compuesto al ver la nieve sobre las ramas

Sosei Hōshi

Koyagire, 6.

Al llegar la primavera el ruiseñor también canta
en las ramas con nieve,
¿creerá que la nieve es la flor del ciruelo?

ゆふのまろりつわれとわれ
そむいほうし
きるとこはしるやうらんきゆふの
いつ秋家あまうしもすのなく

3 [Sin título]

Anónimo

Koyagire, 7.

El ruiseñor, como espera con mucha ilusión
que el ciruelo florezca,
cree que la nieve en las ramas es la flor.

たいしらす

よみ人しらす

こころさしふかくそめてしをりけれは
きえあへぬゆきのはなとみゆらむ

4 Compuesto por ver la nieve que cae

Tsurayuki

Koyagire, 9.

Como ya sale la bruma primaveral y
los brotes en los árboles,
cae la nieve como si fueran
los pétalos de las flores en el pueblo
donde no hay flores.

ゆきのふりけるをよめる

貫之

かすみたちこのめもはるのゆきふれは
はなゝきさともはなそちりける

5 Compuesto en la competición de *waka* de la emperatriz de la era Kanpyou

Minamoto no Masazumi

Koyagire, 12.

Entre el hielo derretido por el viento
de la montaña salen olas,
estas son realmente las primeras flores
de la primavera.

寛平のおほむときのきさいの宮の
うたあはせのうた
みなもとのまさすみ
谷かせにとくるこほりのひまことに
うちいつるなみやはるのはつはな

6 Compuesto en la competición de *waka* de la emperatriz de la era Kanpyou

Ki no Tomonori

Koyagire, 13.

El aroma de la flor del ciruelo
envío a la montaña con
el viento de la primavera como señal
para invitar al ruiseñor.

紀友則

はなのかをかせのたよりにたくへてそ
うくひすさそふしるへにはやる

7 Poesía que regaló el emperador de la era Ninna cuando era príncipe

[Emperador Kōkō]

Koyagire, 21.

Por usted salgo al campo primaveral
y recojo hierbas verdes, aunque cae
la nieve sobre las mangas de mi kimono.

仁和のみかとのみこにおはしましける
ときにひとにわかなたまひける
おほんうた
きみかためはるのゝにいてゝわかなつむ
わかころもてにゆきはふりつゝ

8 Compuesto al acordarme de la persona que fue a Koshi al oír el canto del ganso salvaje

Ōshikōchi no Mitsune

Koyagire, 30.

Como ha llegado la primavera,
los gansos salvajes vuelven al norte.
Como van por el camino de las nubes blancas,
¿les pido a los gansos que lleven un mensaje?

このゝはをよくしうしくまつあて
ろひゝきおんてよめる
わかしうちのみね
はるやとわかゝわろなかめしくもみ
みちゆきふかきこゝやはてなく

9 Compuesto al ver los gansos salvajes que se van

Ise

Koyagire, 31.

Los gansos que se van sin esperar
a que la bruma primaveral se levante
¿tienen costumbre de vivir
en pueblos sin flores?

かくれのりたびあら
いと
あをやぎのまみえうきみゆてゆくりは
はなよよよちよよはまみやはらつる

10 [Sin título]

Anónimo

Koyagire, 32.

Al quebrar la rama se impregna con
el aroma la manga de mi kimono,
donde canta un ruiseñor.
¿Hay flor de ciruelo aquí?

たいしらす

よみ人しらす

をりつれはそてこそにほへむめの花

ありとやこゝにうくひすのなく

11 Compuesto al ver el cerezo que empieza a florecer desde este año en la otra casa

Tsurayuki

Koyagire, 49.

La flor del cerezo que empieza a florecer
en la primavera desde este año
que no aprenda a caer.

ひとのいつはうつろひけるもこゝろの

あなたまはしめりけることみえある　ろ

たらゆよ

こぬしのはるあそひもろともなくや

地よふいとあならはもとなれ

12 [Sin título]

Anónimo

Koyagire, 64.

Cuando se caen y se dispersan
las flores del cerezo, aunque las quiero mucho,
no hay nada que hacer.
¡Hoy sí que corto las ramas!

たいしらす

よみ人しらす

ちりぬれはこふれとしるしなきものを

けふこそさくらをらはをりてめ

13 [Sin título]

Anónimo

Koyagire, 65.

Me da pena si corto este cerezo.
Voy a contemplarlo durmiendo cerca
hasta que se dispersen las flores.

ゑめこらはゑしけすんあるのきこく
らはなのいもやとわくはるのくは

ゆき

14 [Sin título]

Ki no Aritomo

Koyagire, 66.

Quisiera teñir mis ropas
del color del cerezo intenso
para vestirlas como recuerdo de las flores
cuando se hayan esparcido.

きのありとも

さくらいろに　ころもはふかく　そめてきむ
はなのちりなん　のちのかたみに

15 Compuesto al contemplar la luna en China

Abe no Nakamaro

Koyagire, 406.

Miro a lo lejos el firmamento,
es la misma luna que salió en
el monte Mikasa que está en Kasuga.

もろこしにてつきをみてよみける

あへのなかまろ

あまのはらふりさけみれはかすかなる
みかさのやまにいてしつきかも

16 La poesía de *Yamatomai* que es transmitida desde la época antigua

Anónimo

Koyagire, 1070.

Pienso en usted sin parar,
como la nieve que cae en el monte Katsuragi.

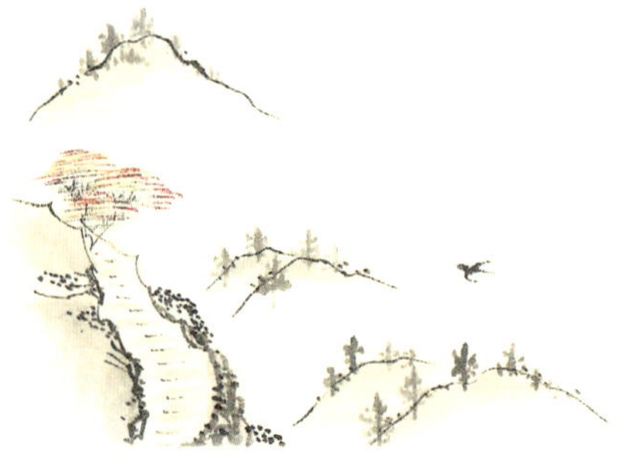

ふるさとやまとびのうた

しんとゆふいろさしやまさるゆきのし

まれくらしなかくおもゆるかな

17 El tono de la melodía de estilo de Ōmi

Anónimo

Koyagire, 1071.

Desde Ōmi, al salir por la mañana temprano,
se oye el canto de las grullas en el campo de Une,
ya ha amanecido esta noche.

あふみふり

あふみよりあさたちくれはうねのゝ
にたつそなくなるあけぬこのよは

18 El tono de la melodía de estilo de Shihatsuyama

Anónimo

Koyagire, 1073.

Al mirar después de salir de Shihatsuyama
se ve que se oculta remando una barca pequeña
tras la isla Kasayui.

しはつやまふり

しはつやまうちいてゝみれはかさゆひの

しまこきかくるたなゝしをふね

19 La poesía que canta modulando

Anónimo

Koyagire, 1081.

El sombrero que dicen
que el ruiseñor teje con el sauce verde
es el sombrero de las flores de ciruelo.

朝掛歌

あさかもやよりゝうたいよほまてらゝし哉の
めぐるゝいきらゝの花ゝはむめのさしかせゝ

20 La poesía de Sagami

Anónimo

Koyagire, 1094.

¡Vuelve, ola, a alta mar!
No mojes a la niña del flequillo recto sobre
los ojos que recoge algas
recorriendo la costa de Koyorogi.

せゝみうた

こまんよのいゝう絶なるしいゆるうよ

あもし めぐゝ おまふそしもたみ

21 Compuesto sobre la flor del ciruelo en la noche de la primavera

[Ōshikōchi no Mitsune]

Koyagire, 41.

La oscuridad de la noche de primavera
no tiene sentido. Oculta el color de la flor
del ciruelo, pero no su aroma.

はるのよむめのはなをよめる

はるのよのやみはあやなしむめのはな
いろこそみえねかやはかくるる

22 Compuesto tras romper la rama del ciruelo en flor que estaba allí, cuando la dueña de la casa, a la que antes visitaba cada vez que iba a Hatsuse, dijo que la casa había estado siempre disponible, después de mucho tiempo sin alojarse allí

Tsurayuki

Koyagire, 42.

No sé cómo serán los sentimientos de las personas, pero las flores huelen como antes.

はつせにまうつることにやとりける
ひとのいへにひさしくやとらてほとへ
てのちにいたれりけれはかのいへのあるし
のかくさたかになんやとりはあると
いひいたしてはへりけれはそこにたて
りけるむめのはなををりてよめる

つらゆき

ひとはいさこころもしらすふるさとは
はなそむかしのかににほひける

23 Compuesto al ver la floración del ciruelo en la orilla del agua

Ise

Koyagire, 43.

Como cada primavera, si se intentara romper la
rama en flor que se refleja en el agua del río,
¿se mojaría la manga de mi kimono
al confundirla con la flor real?

みつのほとりにむめのはなの
さけりけるをよめる

いせ

はるごとになかるるかはをはなとみて
をられぬみつにそてやぬれなん

24 Compuesto al ver la floración del ciruelo en la orilla del agua

Ise

Koyagire, 44.

El agua que refleja las flores como
un espejo durante muchos años,
¿se diría que se empaña cuando
los pétalos se dispersan sobre el agua?

あしふつくきたいののいうみとかいのるみつは
ちわいつしろふや　くぞしいるらむ

25 Compuesto en el monte Tamuke cuando Suzakuin vino a Nara

Sugahara no Ason

Koyagire, 420.

Para este viaje repentino no
he podido preparar *nusa*, pero reciba, por favor, esta
ofrenda de hojas coloradas
del monte Tamuke, bellas como el *nishiki*.

朱雀院のならにおはしましたりける時に
たむけ山にて
よみける

すかはらのあそん

このたひはぬさもとりあへすたむけやま
もみちのにしきかみのまに／＼

Koyagire

POESÍA DE TIEMPOS ANTIGUOS

Versión en *romaji* y japonés

1 Dai shira zu

Yomibito shira zu

Harugasumi tata ru ya izuko
miyoshino no yoshino no yama ni
yuki wa furi tsutsu

だいしらず

よみびとしらず

はるがすみたゝるやいづこみよしのゝ
よしのゝやまにゆきはふりつゝ

2 Yuki no ki ni furikakare ru yome ru

Sosei hōshi

Haru tate ba hana to ya mi ran
shirayuki no kakare ru eda ni uguisu
no naku

ゆきのきにふりかゝれるよめる

そせいほうし

はるたてばゝなとやみらむしらゆきの
かゝれるえだにうぐひすのなく

3 Dai shira zu

Yomibito shira zu

Kokorozashi fukaku some te shi ori
kere ba kieaenu yuki no hana to mi
yuru ka

だいしらず

よみびとしらず

こゝろざしふかくそめてしをりければ
きえあへぬゆきのはなとみゆるか

4 Yuki no furi keru o yome ru

Tsurayuki

Kasumi tachi konome mo haru no
yuki fure ba hana naki sato mo hana
zo chiri keru

ゆきのふりけるをよめる

貫之（つらゆき）

かすみたちこのめもはるのゆきふれば
はなゝきさともはなぞちりける

5 Kanpyou no oon toki no kisainomiya no utaawase no uta

Minamoto no masazumi

Yamakaze ni toku ru koori no hima goto ni uchi(i)zuru nami ya haru no hana

寛平（かんぴょう）のおほむときのきさいの宮の
うたあはせのうた
みなもとのまさずみ
やまかぜにとくるこほりのひまごとに
うち（い）づるなみやはるのはな

6 Ki no Tomonori

Hana no ka o kaze no tayori ni tague te zo uguisu sasou shirube niwa yaru

紀友則（きのとものり）
はなのかをかぜのたよりにたぐへてぞ
うぐひすさそふしるべにはやる

7 Ninna no mikado no miko ni owashimashi keru toki ni hito ni waka tamai keru

Oomiuta

Kimi ga tame haru no no ni ide te wakana tsumu waga koromode ni yuki wa furi tsutsu

仁和（にんな）のみかどのみこにおはしましける
ときにひとにわかたまひける
おほみうた
きみがためはるのゝにいでゝわかなつむ
わがころもでにゆきはふりつゝ

8 Kari no koe o kiki te koshi e makari keru hito o omo(i) te yome ru

Ōshikōchi no Mitsune

Haru kure ba kari kaeru nari shirakumo no michiyukiburi ni koto yat te mashi

かりのこゑをきゝてこしへまかりけ
るひとをおも（ひ）てよめる
おふしかふちのみつね
はるくればかりかへるなりしらくもの
みちゆきぶりにことやつてまし

9 Kaeru kari wo yome ru

Ise

Harugasumi tatsu wo misute te
yuku kari wa hana naki sato ni sumi
ya narae ru

かへるかりをよめる
いせ
はるがすみたつをみすてゝゆくかりは
はなゝきさとにすみやならへる

10 Dai shira zu

Yomibito shira zu

Ori tsure ba sode koso nioe ume
no hana ari toya koko ni uguisu
no naku

だいしらず
よみびとしらず
をりつればそでこそにほへむめの花
ありとやこゝにうぐひ（す）のなく

11 Hito no ie ni ue tari keru sakura no
hana sakihajime tari keru o mi te
yome ru

Tsurayuki

Kotoshi yori haru shirisomu ru
sakurabana chiru chou(toiu) koto
wa narawa zara nan

ひとのいへにうゑたりけるさくらの、
はなさきはじめたりけるをみてよめる
つらゆき
ことしよりはるしりそむるさくら花
ちるてふことはならはざらなむ

12 Dai shira zu

Yomibito shira zu

Chiri nure ba koure do shirushi
naki mono o kyou koso Sakura ora
ba ya ori te me

だいしらず
よみびとしらず
ちりぬればこふれどしるしなきもの
をけふこそさくらをらばをりてめ

13 Ori tora ba oshigeni mo aru ka sakurabana iza yado kari te chiru made wa mi n

をりとらばおしげにもあるかさく
らばないざやどかりてはるまでは
みむ

14 Ki no Aritomo

Sakura iro ni Koromo wa fukaku some te ki n hana no chiri na n nochi no katami ni

きのありとも
さくらいろにころもはふかくそめてけり
はなのちりなむのちのかたみに

15 Morokoshi nite tsuki o mi te yomi keru

Abe no Nakamaro

Ama no hara furisakemire ba kasuga naru Mikasa no yama ni ide shi tsuki kamo

もろこしにてつきをみてよみける
あべのなかまろ
あまのはらふりさけみればかすがなる
みかさのやまにいでしつきかも

16 Furuki yamatomai no uta

Shimoto yuu kazuraki(katsuragi)yama ni furu yuki no ma naku toki naku omooyuru kana

ふるきやまとまひのうた
しもとゆふかづらきやまにふるゆきの
まなくときなくおもほゆるかな

17 Ōmi buri

Ōmi yori asa tachikure ba une no
no ni tazu zo naku naru ake un
kono yo wa

18 Shihatsuyama buri

Shihatsuyama uchide te mire ba
Kasayui no shima kogikakuru
tananashiobune

あふみぶり

あふみよりあさたちくればうねのゝ
にたづぞなくなるあけぬこのよは

しはつやまぶり

しはつやまうちでゝみればかさゆひ
のしまこぎかくるたなゝしをぶね

19 Kaeshimono no uta

Aoyagi o kataito ni yori te uguisu no
nuu to iu kasa wa ume no hanagasa

20 Sagamiuta

Koyorogi no iso tachinarashi isona
tsumu a(me)zashi nurasu na oki ni
ore nami

翻物歌（かえしものうた）

あをやぎをかたいとによりてうぐひすの
ぬふといふかさはむめのはながさ

さがみうた

こよろぎのいそたちならしいそなつむ
あざしぬらすなおきにをれなみ

21 Haru no yo ume no hana o yome ru

Haru no yo no yami wa ayanashi ume no hana iro koso mie ne ka ya wa kukururu

はるのよむめのはなをよめる
はるのよのやみはあやなしむめのはな
いろこそみえねかやはかくるゝ

22 Hatsuse ni mouzuru goto ni yadori keru hito no ie ni, hisashiku yadora de, hodo he te nochi ni itari kere ba, kano aruji no kaku sadakani nan yadori wa aru to iiidashi tari kere ba, soko ni tate ri keru ume no hana o ori te yome ru

Tsurayuki

Hito wa iza kokoro mo shira zu furusato wa hana zo mukashi no ka ni nioi keru

はつせにまうづるごとにやどりける
ひとのいへに、ひさしくやどらで、ほどへ
へてのちにいたりければ、かのあるじ
のかくさだかになむやどりはあると
いひいだしたりければ、そこにたて
りけるむめのはなをゝりてよめる

つらゆき

ひとはいさこゝろもしらずふるさとは
はなぞむかしのかにゝほろける

23 Mizu no hotori ni ume no hana no sake ri keru o yome ru

Ise

Haru goto ni nagaruru kawa wo hana to mi te ora re nu mizu ni sode ya nure nan

みづのほとりにむめのはなのさ
けりけるをよめる

いせ

はるごとにながるゝかはをはなとみて
をられぬみづにそでやぬれなむ

24 Toshi wo he te hana no kagami to naru mizu wa chiri kakaru o ya kumoru to iu ran

としをへてはなのかゞみとなるみづは
ちりかゝるをやくも(る)といふらむ

25 Suzakuin no Nara ni owashimashi tari keru toki ni, tamukeyama nite yomi keru

Sugahara no ason

Kono tabi wa nusa mo toriae zu tamukeyama momiji no nishiki kami no manimani

朱雀院(すざくゐん)のならにおはしまし
たりけるときに、たむけやまにて
よみける

すがはらのあそむ

このたびはぬさもとりあへずたむけや
まもみぢのにしきかみのまに〳〵

Epílogo

Por Juan Antonio Yeves Andrés

Mi intervención en esta publicación es muy puntual y solo se debe a la curiosidad y a mi predilección por la publicación de obras pulcras y cuidadas, habituales en las ediciones de bibliófilo, pues no conozco el idioma y solo puedo manifestar mi atracción por una bella escritura, de la que ignoro su verdadero mérito dentro de la tradición caligráfica japonesa.

Cuando Madoka me expuso su intención de reproducir una parte del *Koyagire,* pensé que podía tener interés para los lectores españoles y caí en la tentación de preparar una edición ilustrada con unos dibujos que tenía a mano. Fue un atrevimiento por mi parte y solo pensé en la compaginación de unas bellas caligrafías con emotivas composiciones poéticas y con ilustraciones, también japonesas, aunque de fecha muy posterior: textos para meditar e imágenes para contemplar. Así, en este volumen encontramos la reelaboración hecha por Madoka de la caligrafía del primer estilo de *Koyagire*, que se encuentra en el museo de Goto, en el museo de Yuki y otros, el texto en japonés, traducido también por Madoka, y las imágenes procedentes de un álbum decimonónico, al parecer, de Yoshimura Kōkei (1769-1836), si hemos sabido interpretar bien el sello estampado que en él se encuentra. Así aparece una bella muestra de caligrafía de la era Heian junto a los dibujos de la época Edo, de Kōkei, que trabajó para el templo Nishi Hongan-ji de Kioto y fue discípulo de Maruyama Ōkyo.

Hemos de señalar que no se han añadido notas referentes a lugares o términos que puntualmente hubieran podido incluirse porque no se trata de un estudio de investigación que sí las exigiría. En una edición como esta podrían distraer o entorpecer la lectura. Así aparecen ciertos nombres como Yoshino, montaña situada en la prefectura de Nara (número 1), Koshi, norte de Japón, actual región Hokuriku (número 8), *Yamatomai,* baile de la región Yamato, actualmente Nara (número 16), Ōmi, actualmente provincia Shiga (número 17), Une, lugar en la provincia Shiga (número 17), Shihatsuyama, lugar de Osaka (número 18), Koyorogi, lugar de Sagami, actual provincia Kanagawa (número 20), Hatsuse, actualmente Hase, lugar en la ciudad Sakurai, en la provincia de Nara (número 22), Suzakuin, emperador Uta (número 25), *nusa*, ofrenda a los dioses para que el viaje sea tranquilo y que los caminos estén despejados, y *nishiki*, tejido hecho con hilo de oro y plata (número 25).

Sí que parece relevante reproducir la explicación de la primera poesía del rollo 9, que se encontró en Koyasan, pues figura en el propio *Koyagire*:

> Esta poesía se difunde contando que en la época antigua Nakamaro fue a China para aprender como estudiante enviado de Japón. Después de no haber podido volver durante muchos años, como llegaron otros enviados desde Japón, decidieron que iban a volver juntos y partieron. Hicieron una fiesta de despedida con las personas de China en un lugar de la costa llamado Meisyuu. Cuando se hizo de noche salió la luna muy elegante y compuso esta poesía. (Número 15).

Índice

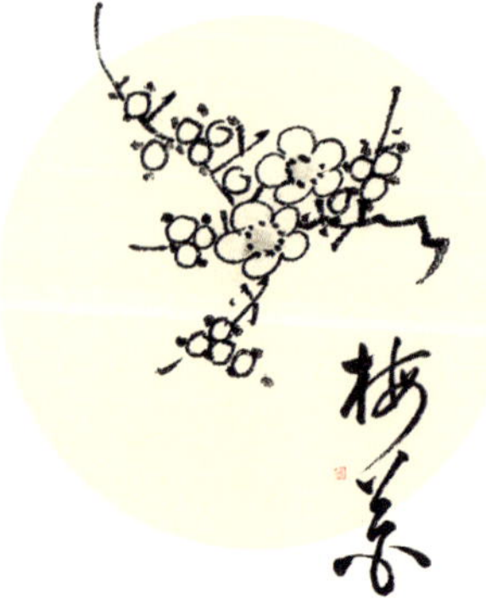

La flor del ciruelo.

Caligrafía, traducción y selección:
Madoka Kubota

Edición:
Juan Antonio Yeves Andrés

Diseño y compaginación:
Manuel Arribas Andrés

Impresión y encuadernación:
Gráficas Eujoa

ISBN: 978-84-10404-05-2

Depósito legal: AS 00226-2025

Agradecimientos:

En primer lugar, querría agradecer a Juan Antonio Yeves, sin el cual no hubiera sido posible llevar a cabo este proyecto, por su connivencia en la selección de las poesías y sus aportaciones en la traducción, así como por su sensibilidad para la elección de las imágenes que acompañan a las caligrafías.
También me gustaría agradecer a Manuel Arribas Andrés su excelente trabajo de maquetación, y a Carlos Sanz por su apoyo y sus fotografías.